Roy Hession · Lasst euch jetzt erfüllen

Roy Hession

Lasst euch jetzt erfüllen

SCM R.Brockhaus

Originaltitel: Be filled now
Roy Hession Book Trust
Übersetzt von Paul Gerhard Nohl

4. Taschenbuchauflage 2013

Umschlaggestaltung: Dietmar Reichert, Dormagen
Druck und Bindung: CPI – Ebner & Spiegel, Ulm
ISBN 978-3-417-20617-3
Bestell-Nr. 220 617

„Werdet mit dem Geiste erfüllt"
Eph. 5, 18

INHALTSVERZEICHNIS

Kapitel 1

JETZT — NICHT MORGEN

„Laßt euch jetzt erfüllen" — das ist mehr als eine Überschrift für dieses kleine Büchlein. Vielmehr faßt es in vier Worten den Kern der Gnadenbotschaft zusammen, zu der diese Kapitel führen wollen. Es geht darum, daß wir nicht morgen, nicht dann, wenn wir hoffen, daß wir uns gebessert haben werden, sondern daß wir uns jetzt wegen unseres Versagens und unserer täglichen Bedürftigkeit füllen lassen — wir, wie wir sind, und nach diesem Jetzt mag ein weiteres Jetzt kommen. Solch eine Erfahrung gegenwärtigen Segens für Menschen, die dessen bedürfen, kann nur möglich werden, wenn uns eine neue Sicht der Gnade Gottes aufleuchtet, die jedweden Segen auf einfache Weise zugängig macht. In diesem Zusammenhang wollen wir das Wort „Werdet voll des Heiligen Geistes" hören.

Der Ort und die Aufgabe des Heiligen Geistes im Leben des einzelnen Gläubigen und der Kirche als ganzer ist ungeheuer wichtig. Es ist eine grundlegende Tatsache des christlichen Glaubens, daß kein Mensch Gott erkennen kann, es sei denn im Angesichte Jesu Christi (Joh. 1,18; 2. Kor. 4,6), und es ist ebenso wahr, daß niemand jenes Gesicht sehen und Christus als Herrn anerkennen kann, wenn es ihm nicht durch den Heiligen Geist geoffenbart worden ist (1. Kor. 12,3). Ja, die Ermahnung des Apostels „Werdet voll des Heiligen Geistes" (Eph. 5,18) steht immer noch fordernd vor jedem Gläubigen, und er mißachtet sie auf die Gefahr hin, daß er die Fruchtbarkeit und die Freude, die solche Erfüllung bringt, verfehlt.

Bei der Darstellung des Erfülltwerdens durch den Heiligen Geist habe ich davon Abstand genommen, von den Gaben des Heiligen Geistes, also etwa von dem Zungenreden, vom Heilen und dergleichen zu sprechen (1. Kor. 12,8—10). Das mag angesichts des weltweiten Interesses der Christen an diesem Thema merkwürdig erscheinen und erst recht angesichts der Tatsache, daß eine immer größer werdende Zahl von Denominationen in der ganzen Welt jetzt bezeugen, den Heiligen Geist in einer Weise erfahren zu haben, die von solchen Offenbarungen und Gaben begleitet waren. Jedes neue Buch über den Heiligen Geist mag sich gezwungen sehen, diese Tatsache zur Kenntnis zu nehmen und manches dazu zu sagen. Es auszulassen mag ein derartiges Buch für die gegenwärtigen Bewegungen in der Kirche als irrelevant erscheinen lassen; ja, es mag manchen Lesern das Gefühl geben, leer auszugehen, und sie ungeduldig machen, denn gerade das scheint es doch zu sein, worüber so viele etwas zu hören wünschen. Ich habe diesen Aspekt aber ganz absichtlich ausgelassen, und dies aus zwei Gründen.

Erstens: die Erfahrung der übernatürlichen Gaben des Heiligen Geistes birgt die Gefahr in sich, die Christen in zwei Gruppen einzuteilen, nämlich (wenn wir es so sagen dürfen) in die „Besitzer" und die „Besitzlosen". Der Satan kann uns versuchen, entweder einander zu verachten oder miteinander in Streit zu geraten. Die Botschaft der Gnade Gottes für das Heute jedoch spricht beide Gruppen an. Derjenige, der die Gaben des Heiligen Geistes erfahren hat, kann trotzdem noch lernen müssen, wie er weiter mit dem Heiligen Geist erfüllt wird, wenn Sünde und Unvermögen ihn in eine geistliche Leere gebracht haben. In solchen Zeiten werden die Erinnerungen großartiger Erlebnisse in der Vergangenheit den Gläubigen nicht helfen — sie werden ihn lediglich deprimieren. Vielmehr muß er die Gnade Gottes als gerade für seine Bedürftigkeit passend erkennen lernen, und zwar immer wieder aufs Neue, und wieder als ein Sünder vor Gott treten. Andererseits: Derjenige, der nicht den Anspruch erheben kann, solche Erfahrung gemacht zu haben, braucht sich deshalb nicht ausgeschlossen zu fühlen. Die

Gnade Gottes ist wie ein Meer von Wasser, das jede Tiefe ausfüllt, das heißt, jede geistliche Armut, um sie zu füllen. Die wahre Gnade: das heißt, unverdiente Liebe Gottes. Es muß immer betont werden, daß diese Liebe unverdient ist, wenn Gnade Gnade bleiben soll. Weil das so ist, besteht die einzige Qualifikation, die uns zu Empfängern jener Gnade macht, nicht darin, daß wir diese oder jene Gabe besitzen, sondern daß wir frank und frei unsere geistliche Armut bekennen. Wie gesagt: Die Gnade macht die Erfüllung mit dem Heiligen Geist für beide Gruppen zugänglich, und dies unter dem Kreuz.

Zweitens: Es ist ganz klar, daß Paulus in seinem ersten Brief an die Korinther zwar von dem Zungenreden und anderen Gaben des Heiligen Geistes spricht, sie anerkennt und ihnen ihren Platz gibt, daß diese Gaben aber eher Zugaben sind und nicht das Wesen eines geisterfüllten Lebens ausmachen. Es war meine Absicht, vorläufig das, was Zugabe ist, zu übergehen und nur auf das einzugehen, was ich für den Kern und das Wesen der Sache halte. Und hier schreibe ich nur als ein Lernender und als einer, der mit vielen anderen die Gnade Gottes und die Fülle des Heiligen Geistes entdeckt.

Kapitel 2

DER HEILIGE GEIST IST EINE PERSON

Dieses Kapitel wird kurz sein und sich nur mit Dingen befassen, die jeder recht unterwiesene Christ kennen sollte. Aber es ist nötig, daß wir zuerst ein gemeinsames Fundament gewinnen, damit wir zusammen anfangen können.

Der Heilige Geist darf nicht nur als eine Einflußsphäre betrachtet werden. Er ist eine Person, die dritte Person der Heiligen Dreieinigkeit, eine Person, so wie Gott der Vater und Gott der Sohn. Das Neue Testament schreibt durchweg von einem ER und nicht einem ES. An einer Stelle des Neuen Testamentes verletzt der Schreiber sogar die Grundlagen der Grammatik, um sicherzustellen, daß der Heilige Geist als eine Person angesehen wird. Es handelt sich um Johannes 16,13, wo wir lesen: „Wenn er, der Geist der Wahrheit, gekommen ist". Das griechische Wort, das mit „Geist" übersetzt wird, heißt pneuma; das ist ein Neutrum, und doch wird im Gegensatz zu dem, was man grammatikalisch erwarten würde, das Personalpronomen (ER) mit diesem Wort verbunden.

So wollen wir uns gleich anfangs in Ehrfurcht vor dieser erhabenen Person der Gottheit beugen. Ihr ist aufgetragen, alle Bestimmungen des Himmels für die Erde auszuführen. Der Vater hat dem Sohn alle Macht gegeben (Matth. 28,18), aber die eigentliche Ausführung dieser Vollmacht auf Erden ist das Werk des Heiligen Geistes. Er ist das ausführende Organ der Gottheit, und in dieser Eigenschaft sehen wir ihn in der Apostelgeschichte handeln — mehr ihn, als die Apostel selbst.

Wir erwähnten die Bestimmungen des Himmels für die Erde. Die erste große Bestimmung geht dahin, daß jeder Mensch, der seine Sünden bereut hat und zum Glauben an den Herrn Jesus Christus gekommen ist, neu geboren werden und eine neue Schöpfung werden soll. Dies ist der besondere Einfluß des Heiligen Geistes, denn er bewirkt unsere Neugeburt (Joh. 3,8). Er tut dies, indem er persönlich im Herzen dessen einkehrt, der an Christus glaubt, und indem er für immer dort weilt (Joh. 14,16).

Sobald ich mein Alles wagte
auf das versöhnende Blut hin
hielt der Heilige Geist Einkehr bei mir,
und ich wurde aus Gott geboren.

Dies ist das Eine, das das Gotteskind von allen anderen unterscheidet — es hat „nicht den Geist der

Welt, sondern den Geist, der von Gott kommt",empfangen (1. Kor. 2,12).

So kann es nicht klar genug ausgesprochen werden, daß jeder Mensch, der durch den Glauben an Christus neu geboren wurde, den Heiligen Geist empfangen hat. Tatsächlich wird Epheser 1 von der Gegenwart des Geistes in unseren Herzen gesagt, daß sie das Siegel dafür sei, daß wir Christus gehören. „In ihm seid auch ihr, da ihr gläubig wurdet, versiegelt worden mit dem Heiligen Geist." Ohne dieses Siegel sind wir, wie Römer 8,9 uns sagt, „nicht Sein". Die Stelle im Epheserbrief zeigt uns, daß der Heilige Geist nicht nur das Siegel ist, sondern auch „das Unterpfand unseres Erbes zu unserer Erlösung, daß wir sein Eigentum würden zum Lob seiner Herrlichkeit." Ein Unterpfand bedeutet schlicht eine Anzahlung. So ist der Heilige Geist in unseren Herzen das Siegel dessen, was Christus gehört, und die Anzahlung dafür, was uns am Tage der Herrlichkeit gehören wird. Wenn die Anzahlung schon „unaussprechliche Freude und Fülle des Ruhms" bringt, wie wird dann erst die endgültige Erfüllung aussehen!

So ist es denn klar, daß weitere Erfahrungen der Erfüllung und der Ermächtigung mit dem Heiligen Geist, die es für uns gibt, nicht eigentlich den Empfang des Heiligen Geistes meinen können; denn wie können wir den empfangen, den wir schon empfangen haben? Die Stellen im Neuen Testament, die sich auf den Empfang des Heiligen Geistes beziehen (z. B. Galater 3,2), können deshalb nur jenes erste Empfangen des Geistes bei unserer Neugeburt meinen.

Was heißt es aber, mit dem Heiligen Geist erfüllt zu werden? Das bedeutet einfach, mit Einem erfüllt zu werden, der schon da ist. Ich versuche den Unterschied zwischen dem Heiligen Geist, wie er anfangs in dem Gläubigen ist, und demselben Heiligen Geist, wie er den Gläubigen erfüllt, mit einem Bild klar zu machen. Man nehme einen Schwamm und drücke ihn zusammen, während er noch in der Hand ist. In diesem Zustand tauche man ihn ins Wasser und halte ihn darin. Er ist jetzt in dem Wasser und das Wasser ist in ihm, wenn auch nur ein wenig. Aber jetzt, wenn man ihn im Wasser hält, öffne man die Hand; und dabei wird das Wasser alle Poren füllen, die jetzt freigegeben sind. Der Schwamm ist jetzt mit Wasser gefüllt. So steht es auch mit uns: Wenn wir Jesus Christus als Heiland kennenlernen und neu geboren werden, dann kommen wir in jenen Bereich, in dem der Heilige Geist wirkt, und der Heilige Geist hält Einkehr bei uns. Das meint Paulus, wenn er schreibt: „Ihr aber seid nicht fleischlich, sondern geistlich, wenn anders Gottes Geist in euch wohnt“ (Röm. 8,9). Ja, wir sind in dem Geist, und der Geist ist in uns. Aber eben dieser Heilige Geist hat uns vielleicht noch nicht völlig in Besitz. Wir mögen es noch immer nötig haben, mit dem Heiligen Geist erfüllt zu werden, in den wir schon versetzt sind. Deshalb müssen wir ihm unser ganzes Sein öffnen, uns ihm ergeben und uns seiner Herrschaft anvertrauen. Wenn wir das tun, werden wir mit dem Geist erfüllt. Wir sind dann nicht nur „im Geiste", sondern der Geist ist in ganzer Fülle in uns.

Aber damit haben wir schon ein Thema vorweggenommen, das wir später ausführlicher behandeln wollen. Jetzt wollen wir innehalten und die wunderbare Tatsache preisen, daß der mächtige Heilige Geist selber in uns Einkehr gehalten hat, als wir in Buße und Glauben zu dem Herrn Jesus kamen und unsere Leiber zu seinem Tempel machten.

Kapitel 3

DER HEILIGE GEIST IST DER FÜRSPRECHER DES HERRN JESUS

Wir wenden uns nun der Erwägung dessen zu, was das Amt oder das Werk des Heiligen Geistes hier auf Erden sei.

Jesus bezeichnete ihn mehrfach als „den Tröster" (Joh. 14,16 und 26; 15,26) und lehrte seine Jünger, daß es gut sei, daß er, der Herr Jesus, fortgehe, denn sonst würde der Tröster nicht zu ihnen kommen (Joh. 16,7). Die Bezeichnung „Tröster" wird uns helfen, das Amt des Heiligen Geistes unter uns zu verstehen. Dasselbe griechische Wort (parakletes) taucht in 1. Joh. 2,1 auf, wird dort aber als „Fürsprecher" übersetzt; „wenn aber jemand sündigt, dann haben wir einen Fürsprecher bei dem Vater, Jesus Christus, der gerecht ist; und er ist die Sühnung für unsere Sünde." Es wäre deshalb ganz in Ordnung, wenn man das Wort Fürsprecher durch das Wort „Tröster" ersetzen würde. Es bedeutet, daß in den genannten beiden Textstellen zwei Fürsprecher bei Namen genannt werden; der eine ist der Herr Jesus Christus und der andere ist der Heilige Geist.

Ein Fürsprecher oder Anwalt ist, wie wir wissen, ein Mann, der in einem Gerichtsfall unsere Interessen vertritt und für uns Rede und Antwort steht. Das ist ein gutes Bild für das Amt Jesu Christi. Er ist unser Fürsprecher im Himmel, und als solcher vertritt er von Herzen gerne des reuigen Sünders Anliegen vor jenem furchtbaren Gericht. Er versucht nicht, unsere Unschuld zu beweisen. Er weiß, daß jegliche Anschuldigung des heiligen Gesetzes Gottes gegen uns zutrifft, aber er hält dem Vater sein sühnendes Blut vor. Wenn wir sündigen, stellt sich unser Fürsprecher selbst vor den Vater als Sühner unserer Sünden. Es ist so, wie es ein Lied ausdrückt: „Er zeigt seine Wunden und öffnet seine Hände." Ohne diese Fürsprache des Anwaltes im Himmel hätte jedes Gotteskind schon lange seine Gemeinschaft mit dem himmlischen Vater verloren. Denn es verliert in der Tat seinen Herzensfrieden mit Gott, wenn es sündigt. Wenn aber das Gotteskind seine Sünden bekennt, empfängt es eine Erneuerung jenes Friedens mit Gott durch das Blut Jesu, das es kennenlernte, als Jesus zum ersten Mal ihm begegnete. Wie wunderbar ist es, einen Freund bei einem solchen Gericht zu haben!

Bei der Stelle im Johannesevangelium wird auch

der Heilige Geist der Fürsprecher genannt. Dieser Fürsprecher hat seinen Sitz nicht im Himmel, sondern im Herzen der Gläubigen, bei denen er Wohnung macht, wenn sie von neuem geboren werden. Aber wessen Fürsprecher ist er? Nicht der Fürsprecher des Gläubigen, sondern eher der des Erlösers, dessen Anliegen er bewahren muß. So haben wir es also mit zwei Fürsprechern zu tun, dem Fürsprecher bei dem Vater, Christus, und dem Fürsprecher Christi bei den Gläubigen, dem Heiligen Geist. Der eine vertritt des Gläubigen Anliegen im Himmel; der andere vertritt Christi Anliegen bei dem Gläubigen.

Das erhellt sofort, wie wichtig das Amt des Fürsprechers ist. Er muß das Anliegen und das Thronrecht Jesu in der Welt wahren, und dazu die Kirche und den einzelnen Gläubigen. Genau dies meinte Jesus, als er von dem Heiligen Geist sagte: „Er wird mich verherrlichen" (Joh. 16,14). Es ist das Amt des Heiligen Geistes, Christus zu vergegenwärtigen, von Christus zu sprechen, Christus zu erhöhen, im Hinblick auf Christus an den Menschen zu arbeiten, sie der Sünde zu überführen, daß sie nicht an Christus geglaubt haben, und in ihnen Reue darüber zu erwecken, daß sie Christus nicht Raum gegeben haben. Christus, Christus und nur Christus ist das Thema alles Redens und Handelns des Heiligen Geistes.

Aber der Herr sagte vom Heiligen Geist nicht nur:

„Er wird mich verherrlichen", sondern auch: „Er wird von dem Meinen nehmen und es euch zeigen" (Joh. 16,14). Das meint ganz gewiß schlicht dies, daß er, nachdem er uns zur Reue vor Christus geführt hat, uns den unerschöpflichen Reichtum Christi zeigen will, der den Schaden unserer nun gebeichteten Sünde gutmachen will. „Geist Gottes, sei mein Lehrer, und zeige, was Christus mir bedeutet." „Was Christus mir bedeutet": nämlich, daß er mir Schuldbeladenem gnädig ist, mich Ungeliebten liebt, die Vollkommenheit seiner Versöhnung, den Wert seines vergossenen Blutes und seine Gerechtigkeit mir, wie ich bin, zuwendet — das heißt, daß Jesus jede denkbare Not stillt. Es geht um das, was dem Sünder Frieden und Vergebung bringt, denn Jesus kam in die Welt, um die Sünder selig zu machen. Es ist offensichtlich das Amt des Fürsprechers Christi, den Reumütigen zu zeigen, daß Jesus für ihre Sünde volles Genüge getan hat. In der Tat, niemals verherrlicht der Heilige Geist Christus so wunderbar wie dann, wenn er den Reichtum seiner Gnade denen offenbart, die ihre Sünden bekennen. Christus wird da verherrlicht und macht da seinem Namen die größte Ehre, wo menschliches Versagen ihn anruft. Er läßt sich durch die Sünde weder abstoßen noch unterkriegen, denn dies ist das Reich, in dem Gnade wirken kann und wo Christus das Verlorene wiederbringt. Der von seiner Sünde überführte Mensch würde niemals an die Gnade glauben, wenn sie der Heilige Geist ihm nicht offenbaren würde. Wie sehr wird der Erlöser durch das Amt des Heiligen Geistes in den Augen des Sünders verherrlicht!

An dieser Stelle also handelt der Heilige Geist als der große Fürsprecher Jesu, hier offenbart er uns sowohl unsere Not als auch den Reichtum Christi, der diese Not stillt.

Es mag wichtig sein zu betonen, daß der Heilige Geist nicht unser Fürsprecher, sondern Christi Fürsprecher ist, denn als solcher vertritt er die Wahrheit und widersteht jedem Widerspruch der Sünde, indem er auf Christus und sein Blut als Antwort verweist.

Eine Geschichte illustriert lebendig die Stellung und das Amt des Heiligen Geistes bei Gottes Handeln mit den Menschen: die Geschichte, in der berichtet wird, daß Abraham seinen Hausknecht in ein fernes Land schickt, um ihn für seinen Sohn Isaak eine Braut suchen zu lassen. Wenn jener Hausknecht in seinem eigenen Namen gesprochen und der Menschen Augen auf sich gerichtet hätte, dann hätte er seinen Auftrag verfehlt. Nachdem er das richtige Mädchen gefunden hatte, hatte sein eigentliches Amt erst begonnen. Er sollte von seines Herrn Sohn sprechen, um des Mädchens Herz diesem Sohn zuzuwenden und sie willig zu machen, ihre Familie zu verlassen und mit ihm zu Isaak zu gehen. Morgens, mittags und bei Nacht kannte seine Unterhaltung nur ein Thema, nämlich: „meines Herrn Sohn". Zweifellos wurde seine Erscheinung und seine Schönheit, besonders aber sein Reichtum betont, denn „ihm hat mein Herr alles gegeben, was er besitzt". Die Ohrringe und Armreifen, die er dem Mädchen gegeben hatte, waren nur ein Angeld des Reichtums, der dem Mädchen gehören würde, das Isaaks Frau zu werden bereit wäre. Isaak war offensichtlich ein höchst attraktiver junger Mann! „Und es geschah, als Laban, der Bruder Rebekkas, die Ohrringe und Armreifen am Arm seiner Schwester sah . . ., da sagte er: ‚Tritt ein, du Gesegneter des Herrn; warum stehst du draußen?'" „Komm herein", sagte er, „und erzähle uns mehr über deines Herrn Sohn." Und so war ihm reichlich Gelegenheit gegeben, sein Amt auszuführen. Im Nu war des Mädchens Herz gewonnen und sie gab ihr Jawort. „Ich will mit dir gehen." Des Knechtes Freude war vollkommen, als er endlich Rebekka in Isaaks Armen sah!

Das Amt des Heiligen Geistes ist es, bei uns die gleiche Rolle zu spielen, die Abrahams Hausknecht vor langer Zeit spielte — nämlich so von Christus, von der Gnade und von dem Ruhm zu sprechen, daß er unsere Herzen rührt, gewinnt und uns willig macht, ihm nach Golgatha zu folgen und dort den Platz des Sünders zu Jesu Füßen einzunehmen. Und dies tut er nicht nur, um unsere erste Begegnung mit

Jesus zustande zu bringen, sondern er fährt fort, das zu tun, wann immer die Sünde uns hat erkalten und vertrocknen lassen. Wie gut es ist, daß Jesus nicht ohne einen Fürsprecher auf Erden geblieben ist, der ihn in unseren Herzen vergegenwärtigt und uns immer wieder zu seinem Kreuz zurückführt, dem Ort der Erlösung und des Sieges.

Der Heilige Geist hat also nur ein Ziel: Christus zu verherrlichen. Diese grundlegende Tatsache zu erkennen und zu erfahren wird uns vor vielerlei Fehlern und vor manchen gefährlichen Abwegen bewahren. Wenn eine ganz besondere Erfahrung mit dem Heiligen Geist uns dazu führt, den Heiligen Geist zu verherrlichen und zu sehr um diese Erfahrung zu kreisen, dann werden wir schnell merken, daß wir, statt mit dem Heiligen Geist zusammenzuwirken, in Wirklichkeit seine Bestimmung durchkreuzen, die es ja ist, die Augen der Menschen allein auf Jesus, den Herrn, zu lenken.

Kapitel 4

DER HEILIGE GEIST ÜBERFÜHRT UNS

Der Einfachheit halber wollen wir das Amt des Heiligen Geistes als des Fürsprechers Jesu in zwei Bereiche aufteilen.

Zuerst kommt der Heilige Geist, um uns von unserer Sünde zu überführen und uns zur Buße zu bringen. Jesus sagte: „Wenn er kommen wird, dann wird er die Welt der Sünde überführen ... weil sie nicht an mich glaubte" (Joh. 16,8—9). In den wohlbekannten Kapiteln des Johannesevangeliums, die sich mit dem Heiligen Geist befassen (14,15 und 16), wird der Heilige Geist dreimal von Jesus als „Geist der Wahrheit" bezeichnet. Wahrheit heißt in diesem Zusammenhang nicht die Richtigkeit eines Lehrsatzes, sondern die Offenbarung von Tatsachen, wie sie wirklich sind. Das bedeutet, daß es das Amt des Heiligen Geistes ist, uns die Wahrheit über uns selbst als Sünder zu offenbaren. Still und unbestechlich wirft er das helle Licht der Wahrheit stets auf die Gedanken und Gefühle unseres Herzens, auf die

Worte unserer Lippen und auf die Taten unserer Hände. Alles Selbstsüchtige und alle Sünde wird als Sünde gebrandmarkt, ungeachtet dessen, welchen Namen wir ihm geben und wie wir es vernünfteln. Er vernichtet das Reich der Illusion über uns selbst, in dem wir uns befanden, und bringt uns zur wahren Selbsterkenntnis. Es geht ihm in allererster Linie darum, daß wir die Wahrheit erkennen, denn er ist der Geist der Wahrheit. Die Antwort, auf die er wartet, ist schlicht die ehrliche Antwort, die da sagt: „Ja, Herr" (Matth. 15,27), ja zu allem, was er an uns selbst zeigt, ohne Selbstentschuldigungen oder Versteckspielen. Das ist auch in Psalm 51 mit dem Satz „Siehe, dir gefällt Wahrheit, die im Verborgenen liegt" gemeint. „Dir gefällt" — dasselbe Wort taucht noch einige Verse später in demselben Psalm auf, wo gesagt wird: „Dir gefallen Opfer nicht." Wenn man die beiden Aussagen zusammenstellt, entdeckt man die Botschaft des Psalmes: „Dir gefallen nicht Opfer, sondern Wahrheit, die im Verborgenen wohnt." Oft kann eifriges Handeln, ja sogar christliches Dienen zum Deckmantel werden, der die Wahrheit über uns selbst und über andere verhüllen soll. Der Heilige Geist bekämpft solchen Selbstbetrug und solche Täuschung. Wahrheit und nicht Opfer verlangt er von den Menschen.

Das ist auch mit den Worten „Tut die Wahrheit" bei Johannes 3,21 gemeint. Wir lesen dort, daß der,

der das Böse tut, das Licht haßt und nicht in das Licht kommt, bis er seine Taten bekannt hat; daß aber der, der die Wahrheit tut, in das Licht kommt, damit seine Taten als von Gott gewirkt offenbar werden. Man sollte annehmen, daß das Gegenteil von „Böses tun" Gutes tun sei, aber bei Gott ist es so nicht; das Gegenteil vom Tun des Bösen ist „die Wahrheit tun", das heißt Wahrheit über das Böse in uns. Lange bevor wir versuchen, Gutes zu tun, haben wir Böses getan; und Gott fragt nach einem vollen Bekenntnis über dieses Böse, nach dem schlichten „Ja, Herr" zu dem, was er uns zeigt. Ihm ist es lieber, daß wir in unsere Vergangenheit zurückblättern, statt eine neue Seite aufzuschlagen, denn wenn wir eine neue Seite aufschlagen, verbergen wir unvermeidlich das frühere Blatt, und wenn die Sünde verheimlicht wird, kann das Blut Jesu Christi uns nicht reinigen, und wir können keinen Frieden finden. Die Verheißung der Vergebung und Reinigung wird von dem Bekenntnis der Sünden abhängig gemacht (1. Joh. 1,9). Wir brauchen nicht um Vergebung zu bitten, wenn wir unsere Sünden bekannt haben. Wir erhalten solche Vergebung in eben dem Augenblick, in dem wir bekennen. Aber alles Bitten in der Welt wird keinen Frieden in unsere Herzen bringen, wenn bei unserem Sündenbekenntnis etwas im Dunkeln bleibt. Das trifft nicht nur in der Beziehung zwischen Mensch und Gott zu, sondern gilt auch in der Begegnung zwischen Mensch und Mitmensch. Wer von uns erinnert sich nicht, daß er bei dem Versuch, mit einem anderen in Ordnung zu kommen, gesagt hat: „Bitte, vergib mir, wenn ich dir unrecht getan habe", und sich dann gewundert hat, warum dies das Zerwürfnis nicht zu heilen vermochte. Es gibt kein „wenn"; wir sollten bekennen, daß wir wirklich Unrecht getan haben, und dann werden wir überrascht sein, wie schnell Gottes Gnade uns erreicht und nicht selten die Verzeihung der Menschen dazu.

Wo der Heilige Geist überführt, leuchtet sogleich die Wahrheit auf und fordert Antwort von uns. Dieses Licht der Wahrheit scheint allezeit, und zwar so unauffällig und unerforschlich wie das Licht der Sonne. Es ist ganz sicher unvorstellbar, daß der Heilige Geist nur bei besonderen Gelegenheiten geistlichen Erwachens der Sünde überführt und uns ansonsten allein läßt. Für den Heiligen Geist gibt es keine „saisonfreie" Zeit. Wenn wir uns der Überführung unserer Sünden nicht bewußt werden, dann hat das seinen Grund nicht darin, daß der Heilige Geist uns nicht überführt hat, sondern darin, daß wir ihn nicht hören und sehen wollen. Es ist leicht, sich der Sündenerkenntnis zu entziehen, denn die Stimme des Geistes ist leise. Nur Menschen, die darauf aus sind, von ihren Sünden überführt zu werden, werden seine Stimme hören, und solche Menschen werden nur deshalb darauf bedacht sein, weil sie Hunger nach der Nähe Jesu haben und weil sie wissen, daß dies der einzige Weg ist, durch den sie von allem befreit werden, was sie von Jesus trennt, von ihm, den sie zu lieben angefangen haben.

Manchmal sind wir in einem Zustand, in dem uns keine Sündenerkenntnis zu erreichen scheint, und wir denken, daß alles in Ordnung sei. Dann kann es geschehen, daß wir anderen Christen begegnen, die Gott loben mit einem neuen Zeugnis darüber, wie der Heilige Geist sie einer bestimmten Sünde überführt und das Blut Jesu sie davon gereinigt hat. Wir blicken verwundert auf und fühlen, daß wir diese Erfahrung noch nicht besitzen. Wir fragen uns: Entbehren wir diese Erfahrung, weil wir schon über diesen Punkt hinaus sind oder nur deshalb, weil wir ihn noch nicht so gesehen haben, wie er ist? So oft trifft das letztere zu. Und der Grund dafür, daß wir Dinge, die uns gering erscheinen, gar nicht wahrnehmen, liegt meistens darin, daß wir irgendeine größere und tiefere Angelegenheit nicht vor Gottes Augen bringen wollen. Dies anschaulich zu machen, wollen wir uns eine hohe Mauer vorstellen, die einen starken Schatten im hellen Sonnenlicht wirft. In jenem Schatten wird man das viele Unkraut, das dort wächst, kaum bemerken. Aber wenn jene große Mauer beseitigt wird, dann scheint das Licht auch auf das niedrige Unkraut, das dann selbst Schatten wirft, und dann kann das entfernt werden. „Im Lichte wandeln" mit Gott (1. Joh. 1,7) bedeutet schlicht, ja zu sagen zu dem, was das Licht offenbart. Das kann bedeuten, daß wir eine sehr reale Schranke zwischen uns und Gott niederlegen müssen. Das aber mag zu einer noch größeren Sündenerkenntnis führen, denn jetzt kann der Herr uns die kleineren Alltagssünden aufweisen, die so leicht aus unserem verderbten Wesen hervorkommen. Der Überführung von der Sünde folgt stets die Reinigung, wenn wir bereit sind zu sagen: „Ja, Herr."

Wir wollen jedoch immer im Auge behalten, daß dieses Werk der Überführung durch den Heiligen Geist allzeit als das Werk des Fürsprechers Jesus geschieht; das heißt: der Heilige Geist spricht zu uns über unsere Sünde im Hinblick auf Christus. Er überführt uns nicht der Sünde als irgendwelcher unmoralischer Taten oder Übertretungen der zehn Gebote, sondern als der Sünde, die Jesus entthront hat und seinen Tod am Kreuz verursacht hat. Der Heilige Geist gibt sich nicht zufrieden, bis wir dazu gebracht worden sind, auf den zu blicken, den wir durchbohrt haben. Tatsächlich: die Sünde, deren er uns überführt, wird als „die Sünde, weil sie nicht an mich geglaubt haben" beschrieben. Das bedeutet, daß die wirkliche und alles umfassende Sünde der Unglaube ist, die mangelnde Bereitschaft, uns mit Christus versöhnen zu lassen, und diese hält sich deshalb, weil wir halsstarrig und hartherzig sind. Der Heilige Geist hält sich nicht lange bei irgendwelchen Kleinigkeiten auf, sondern geht rasch zu der Sünde der ungebrochenen Haltung vor Gott, der Hartnäckigkeit und der Selbstrechtfertigung, die wir seinem Handeln entgegenstellen, über.

Welch feine Veranschaulichung für das Werk der Überführung durch den Heiligen Geist und für unsere mangelnde Bereitschaft haben wir in der Geschichte der Knechte Naemans, die ihren Herrn bedrängen mußten, als er nicht bereit war, dem Wort des Propheten zu gehorchen und „hinzugehen und sich siebenmal im Jordan zu waschen!" Alles war er zu tun bereit, nur das nicht. Denn das hätte bedeutet: sich auszuziehen und das Ausmaß seines Aussatzes anzublicken. Aber seine Knechte kamen und baten ihn so innig (denn sie liebten ihn sehr): „Lieber Vater, wenn dir der Prophet etwas Großes geboten hätte, hättest du es nicht getan? Wieviel mehr, wenn er zu dir sagt: Wasche dich, so wirst du rein!" (2. Kön. 5,13). Wie froh war er dann, daß er jenem sanften Drängen nachgab, denn sein Fleisch wurde wieder wie das eines kleinen Kindes. Genauso stößt uns der Heilige Geist sanft auf gerade die Stelle, die wir in unserem Stolz nicht wahrhaben wollen, und sagt: „Geh hin und wasche dich am Fuß des Kreuzes Christi." Wir fürchten die Entblößung, die die Buße herbeiführt, und daß man uns so sieht, wie wir wirklich sind. Aber wie froh sind wir, wenn wir dann doch nachgeben, denn wir gehen gereinigt und geheilt durch das Blut Christi daraus hervor.

Es ist also offenbar, daß der Heilige Geist, wenn er an uns wirkt, allzeit als der Fürsprecher des Herrn Jesus handelt und nur den einen Wunsch hat, daß wir unser Haupt vor ihm beugen und ihn in jeder Beziehung als unseren König ansehen.

Kapitel 5

DER HEILIGE GEIST IST DER TRÖSTER

Nachdem wir uns den Heiligen Geist als den, der die Sünder überführt, vor Augen gestellt haben, müssen wir ihn jetzt betrachten als den Tröster derer, die Buße tun. In demselben Augenblick, in dem es dem Heiligen Geist gelingt, uns zur Buße zu führen, scheint sich die ganze Ausrichtung seines Amtes zu verändern — er ist jetzt ganz darauf aus, den nunmehr Zerschlagenen zu trösten und dazu zu ermutigen, alles in Christus wieder neu zu finden. Alt ist die Botschaft für ein Volk, das ein „Vielfaches für seine Sünden aus der Hand des Herrn empfangen hat": „Tröstet, tröstet mein Volk, spricht der Herr" (Jes. 40,1). Und ebenso verhält es sich heute.

Wenn die Übersetzer das Wort „Tröster" benutzten, so taten sie das, weil das griechische Wort diese Übersetzung ebenso zuläßt wie die des „Fürsprechers", und diejenigen, die das Werk des Heiligen Geistes in ihren Herzen kennen, wissen, daß er diesen Namen sehr zu Recht trägt. Er, der so unbarmherzig und so unbequem ist, wenn es um die Überführung von der Sünde geht, ist wunderbar sanft in dem Trost, den er demjenigen gibt, der seine Sünden beklagt und seine Armut beweint. „Selig sind die Leidtragenden“, sagte Jesus, „denn sie sollen getröstet werden“, und es ist der Heilige Geist, der jenen Trost bringt. Das tut er, indem er uns das zeigt, was von Christus ist (Joh. 16,14). Das bedeutet einfach, daß er dem reuigen Herzen Christus bezeugt, der mit seinem kostbaren Blut für den Frieden und die Rechtfertigung vor Gott Genüge getan hat, und indem er dazu auffordert, neu auf ihn zu vertrauen und sich zu freuen. Er offenbart, daß die Sünden, die wir bekennen, schon längst von dem Herrn, Jesus, an dem Kreuz vergeben waren, bevor sie noch begangen wurden, und daß schon vorher für eben die Armut, in der wir uns selbst befinden, bezahlt worden ist. Er bezeugt den auferstandenen Heiland und zeigt uns, daß Gott über dem Sühnewerk unseres Herrn sein Jawort zur ewigen Rechtfertigung gesprochen hat, indem er ihn von den Toten auferweckte, und daß, wenn Gott mit Jesu Werk uns zugute zufrieden ist, wir uns auch selber zufrieden geben können. Er bezeugt dem kämpfenden Heiligen, der hofft, daß er in seiner fleischlichen Natur sich bessern kann, daß der Mensch, der solche Sünden begeht (der „alte Mensch“, von dem Römer 6 die Rede ist und der nur bedeutet: der „Mensch der

Vergangenheit"), zu Recht mit dem Herrn Jesus gekreuzigt worden ist (das heißt, daß er in Gottes Augen geendet und nicht verändert ist). Deswegen braucht er nicht mehr enttäuscht zu sein über einen Menschen, den Gott am Kreuz hat enden lassen, und kann sich ganz Christus zuwenden, der alles für ihn sein wird, was er braucht. Und wenn der Heilige Geist ihm solches bezeugt, dann kann er die fröhliche Botschaft glauben, er ist frei im Geist, voller Freude und voller Lob über eine solch wunderbare Rettung.

Es mag sein, daß wir nicht wissen, wie der Heilige Geist wirkt, wenn er die Menschen der Sünde überführt, wenn er durch sein Wort Jesus offenbart und Glauben an ihn schafft — bisweilen durch irgendein Schriftwort, oder durch das Zeugnis eines anderen Menschen, oder durch einen Satz aus einem Lied oder auf eine direktere und unerklärliche Weise. Aber wir dürfen mit Zuversicht wissen, daß er es tut, denn das ist sein großes Amt in der Kirche.

Wir schätzen offenbar das Werk des Heiligen Geistes als Tröster am höchsten, wenn wir — kalt geworden und des Kontaktes mit Gott entbehrend — versuchen, ihn durch „Werke" zurückzugewinnen. Es erscheint uns natürlich zu denken, daß wir zu Gott zurückfinden könnten, indem wir Gutes tun, nachdem wir ihn verloren haben dadurch, daß wir Sünden begingen. Und so versprechen wir, daß wir uns stärker bemühen werden, daß wir unsere Ziele höher stecken, daß wir Gott ernsthafter suchen werden oder gar, daß wir unserer Andacht mehr Zeit widmen wollen. Natürlich ist das alles richtig, aber weil wir so oft solche Ziele nicht erreichen, enden wir nur damit, daß wir uns immer mehr Selbstvorwürfe machen und immer mehr Schuldgefühle bekommen. Wir werden in unserem Bemühen, uns zu bessern, verkrampft und fühlen uns verdammt, weil wir keinen Erfolg haben. Dann machen wir die Erfahrung des Apostels Paulus, der sagte: „Das Gebot, das zum Leben verordnet war (wenn ich es halten könnte), führte zum Tode (weil ich es nicht halten konnte)", und wenn wir auf diesem Wege weitergehen, werden wir uns bald in jener Verzweiflung finden, aus der heraus er sagte: „Ich elender Mensch, wer wird mich erlösen von dem Leibe dieses Todes?" (Röm. 7,10 und 24). Welch eine Erleichterung ist es, wenn der Heilige Geist uns, wie es der Apostel Paulus tat, von unseren eigenen Werken wegblicken und auf die Werke eines anderen schauen läßt, auf das für uns am Kreuz vollendete Werk Jesu Christi, wobei wir erkennen, daß dieses Werk für uns vollbracht ist, daß die Kluft zwischen Gott und uns überwunden und Frieden gemacht ist! Der Heilige Geist lädt uns ein, nicht länger zu versuchen, durch eigene Anstrengungen zum Frieden zu kommen, sondern als Sünder zu Jesus zu gehen und in dem auszuruhen, was er für uns getan hat. Wenn wir das tun, dann weicht die Last des Kampfes und der Selbstanklagen von unseren Herzen, und der Tröster schenkt uns Frieden.

Eine der besten Veranschaulichungen dafür, wie der Heilige Geist das von Jesus vollbrachte Werk bezeugt, ist jene Taube, die zu Noah in die Arche zurückkehrte: „Und siehe, sie hatte ein Ölblatt in ihrem Schnabel: Da erkannte Noah, daß die Wasser sich von der Erde verlaufen hatten“ (1. Mos. 8,11). Das Zeugnis, das die Taube zurückbrachte, war das Ölblatt in ihrem Schnabel. Als Noah es sah, wußte er, daß es einen Platz auf der Erde gab, von dem die Wasser gewichen waren, daß es ein Fleckchen gab, über dem nicht mehr das Gericht stand, und dies war eine Friedensbotschaft für die Leute in der Arche. Heute bringt uns der Heilige Geist das Zeugnis, daß es einen Menschen gibt, der frei ist vom Gericht. Einst war auch er unter dem Gericht, und zwar mit aller Schärfe; aber er ist dem Gericht entnommen durch die Kraft der Auferstehung. Das Gericht aber, dem er jetzt entnommen ist, ist das Gericht über uns. Wenn also der Garant unserer Sicherheit dem Gericht entnommen ist, dann sind auch wir, für die er garantierte, dem Gericht entnommen. Das ist gemeint, wenn es heißt: „Er, der für unsere Sünden dahingegeben war ... wurde auferweckt für unsere Rechtfertigung“ (Röm. 4,25).

Wenn man die Taube mit dem Ölblatt im Schnabel sehen will, lese man die Apostelgeschichte. Hier finden wir überall, wie der Heilige Geist den auferstandenen Christus bezeugt.

„Den Gott auferweckt hat" (2,24)
„Diesen Jesus hat Gott auferweckt" (2,32)
„Den Gott von den Toten auferweckt hat" (3,15)
„Ihn weckte Gott am dritten Tage auf" (10,40) usw.

Immer wieder bezeugt der Heilige Geist die wunderbare Tatsache, daß Jesus von dem Urteil frei ist, unter dem er stand. Das bedeutet, daß wir in Gottes Augen ebenso frei sind von der Verdammung und von dem Vorwurf (sogar dem Selbstvorwurf), wie er es ist. Er stand unter dem Verdammungsurteil; die Wellen und Wogen gingen über ihn; aber dem allen ist er nun entnommen, und das „für unsere Rechtfertigung". Der Heilige Geist bezeugt jetzt unserem Geist, daß wir von alldem frei sind, so wie er es ist.

Das ist der feste Trost, den der Heilige Geist der zweifelnden Seele bringt, die zu bereuen gelernt hat. Wenn wir das in unserem Herzen aufnehmen, werden wir Gottes Liebe stärker denn je zuvor fühlen. Das ist die erste Woge der Macht des Heiligen Geistes in unseren Seelen, die erste Wirkung seiner Innewohnung; die Liebe Gottes in unsere Herzen auszugießen (vgl. Röm. 5,5), und auf diese Weise unsere Liebe zu ihm zu wecken.

Wir wollen also nicht vergessen, daß der Heilige Geist uns nur der Sünde überführt, um uns zu trösten. Das wird uns helfen, seine Stimme von der des Teufels zu unterscheiden. Der Teufel wird der „Ankläger der Brüder" genannt, und wenn er empfindsame Gewissen anklagt, dann werden seine Überführungen oft mit denen des Heiligen Geistes verwechselt. Aber des Teufels Anklagen stellen nie einen Trost in Aussicht. Sie sind nur Nörgeleien, die uns zur Verzweiflung und in Bindungen führen. Selbst wenn man diesen Anschuldigungen beipflichtet, erkennt man instinktiv, daß sie nie ein Ende nehmen werden. Der Teufel führt die Seele immer zurück zum Berg Sinai, zum Gesetz, zu Maßstäben, die wir nicht einhalten können, und deshalb zur Verzweiflung. Die Sündenerkenntnis durch den Heiligen Geist dagegen ist kurz und scharf, und wir wissen instinktiv, daß es unseren Herzen nur Frieden bringen würde, wenn wir uns ihm beugten und zu ihm Ja sagten. Wenn der Teufel uns zum Sinai führt, so führt der Heilige Geist uns immer nach Golgatha. Er ist immer der liebliche Bote des neuen Friedensbundes für Sünder.

Der Trost des Heiligen Geistes jedoch bezieht sich nicht nur auf die Antwort Christi auf unsere Sünden. Er schöpft auch aus Christi Quellen für jede nur denkbare Not. „Er wird es von dem Meinen nehmen und es euch zeigen." Wenn die Regelung unserer

Angelegenheiten auf unseren eigenen Schultern ruht, sind wir nur darum besorgt, daß wir für unsere Verantwortlichkeit angemessene Kraft haben. Aber wenn diese Regelung auf Christi Schultern ruht, dann muß er diese Kraft haben, und der Heilige Geist zeigt uns gerne, daß er sie hat. Er offenbart Christus unseren Herzen nicht nur als den Einen, der das Böse überwinden kann, sondern der das schon am Kreuz getan hat. Er zeigt ihn uns sitzend zur Rechten Gottes im Himmel, über alle Reiche, Gewalt, Macht, Herrschaft und was sonst genannt werden mag (Eph. 1,20 f.), und als den Sieger über alle widergöttlichen Mächte, und als den, der sich mit uns solidarisch gemacht hat (Eph. 2,6). Das bedeutet, daß wir nicht nur auf der Seite des Gewinners sind, sondern auf der Seite dessen, der den Sieg schon gewonnen hat; wir kämpfen nicht um den Sieg, sondern von dem Sieg her.

Bis wir solche Offenbarung über Jesus, den Herrn, für unsere Probleme haben, sind wir verkrampft, betrübt und zerstritten, und alles steht wie ein Berg vor uns. Aber wenn der Heilige Geist uns in unserer Stunde der Not Jesus und seine Kraft zeigt, dann werden wir frei, und wir sehen uns in ihm als „dem Haupt und nicht dem Schwanz“ (5. Mos. 28,13), und die Niederlage ist aus dem Bereich gebannt, aus dem sie verbannt werden muß, nämlich dem Reich unseres Geistes. Wenn wir in unserem Geist Sieger sind, dann werden wir auch in anderen Sphären siegreich, denn der Glaube ist der Sieg, der die Welt überwunden hat (vgl. 1. Joh. 5,4). Und wenn wir so mit neuer Kühnheit und neuem Vertrauen voranschreiten, dann entdecken wir, daß Gott in jeder Lage für uns wirkt.

Es wird erzählt, daß Spurgeon einst von seinen Problemen und Aufgaben bedrückt und über mancherlei betrübt war. Plötzlich, auf einer Fahrt in seinem Wagen, richtete er sich auf und lachte laut. Gefragt, was seinem Herzen Freude und Befreiung brachte, antwortete er: „Ich sah mich selbst wie einen Fisch darüber bekümmert, ob ich genug Wasser zum Schwimmen hätte, und schwamm doch die ganze Zeit über im Atlantischen Ozean, und in der gleichen Weise sah ich die Gnade meines Herrn Jesus für alle meine Not." Dort in jenem Wagen übte der machtvolle Fürsprecher des Herrn Jesus sein Amt als Tröster für einen der hilfsbedürftigen Diener Gottes aus.

Das bringt uns zu dem ganzen Fragenbereich der Kraft des Heiligen Geistes für den Dienst, nach dem sich einige von uns so glühend sehnen. Hier kann ich nur meine eigene Erfahrung wiedergeben. Ich meine, daß der Heilige Geist uns mit der Kraft aus der Höhe ausstattet und nicht bloß unsere Augen auf jene Kraft richtet, so daß wir brennend um sie beten. Sondern er richtet unsere Augen auf Jesus, der von den Toten auferstanden ist, und er zeigt uns seine Macht und seine Stellung. Wenn ich das sehe, dann schwinden meine Lasten, Ängste und mein Kampf. Ich fühle mich wieder im Glauben gestärkt und mit der nötigen himmlischen Kraft für den vor mir liegenden Dienst ausgerüstet. Elisa empfing doppelt soviel Kraft des Geistes wie Elia, als er den Meister in den Himmel fahren sah. Da wehte der Mantel, ein Symbol jener Macht, vor seine Füße. Nur wenn wir uns von dem Heiligen Geist erneut zeigen lassen, daß Jesus genug getan hat, und wenn wir seine Offenbarung gläubig annehmen, werden wir uns mit der Macht aus der Höhe bekleidet sehen und kühn vorangehen, weil wir erkennen, daß Gott mit uns wirkt.

Schon manchmal haben Christen bei einer Evangelisation, die ich leitete, gesagt: „Ist es nicht eigenartig, wie es an einem bestimmten Tag zu einem ‚Durchbruch' kam und wie dann die ganze Evangelisation eine neue Richtung einschlug?" Für mich war das nicht merkwürdig. Ich wußte sehr gut, was einem beladenen und verkrampften Evangelisten an dem betreffenden Tag in seinem Schlafzimmer widerfahren — oder besser: was ihm zu erkennen gegeben worden war. Er hatte Jesus gesehen, gekrönt mit Herrlichkeit und Ehre, und alles unter seine Füße getan. Die Wellen, die er über sich zusammenschlagen glaubte, sah er nun unter seinen Füßen.

So oft bitten wir um Hilfe, obwohl das, was der Heilige Geist uns geben will, eine neue Sicht ist — der Anblick Jesu, des gekrönten und siegreichen Jesus.

Man mag fragen, wie wir diese neue Sicht Jesu dann bekommen, wenn wir sie benötigen? Nicht dadurch, daß wir versuchen, sie zu bekommen, und meiner Meinung nach nicht einmal dadurch, daß wir darum beten, sondern eher dadurch, daß wir Gott sagen, daß wir sie noch nicht haben. In solchen Zeiten sollten wir unsere Kraft nicht hierhin und dahin, sondern nur in diese eine Richtung lenken. Sage Gott, daß du Jesus nicht sehen kannst, sage ihm, in welch schlechter Verfassung du bist, daß du nicht frei bist und daß du keinen Frieden hast. Sage ihm, daß du mit all deiner Kraft um etwas ringst, von dem du in deinem tiefsten Inneren weißt, es ist eine Gabe, aber daß du nichtsdestoweniger darum kämpfst. Sage ihm, daß du heute diese Sicht Jesu nicht hast, seinen Blick und seinen Sieg, von dem du gestern noch wußtest. Streng' dich nicht an, diese Sicht zu bekommen, sondern erzähle ihm nur, daß du sie nicht hast. Und dann laß ihn dir zeigen, warum du sie nicht hast. Vielleicht zeigt er dir dunkle und unerwartete Dinge, aber sage ja zu ihnen. Genau das ist gemeint, wenn wir sagen, daß wir zu Jesu Füßen, zum Fuß seines Kreuzes gehen. Solche Sätze mögen manchen Menschen als Phrasen erscheinen, aber sie drücken für andere eine wunderbare und heilige Erfahrung aus. Dort kommt dir Jesu Blut zugute; und du wirst nicht lange zu seinen Füßen sitzen müssen, bis der Heilige Geist sich aufschwingt, mit heilenden Kräften in seinen Flügeln, und dir das gibt, was du brauchst, um Jesus zu sehen und an seiner Fülle teilzuhaben.

Kapitel 6

VIER HALTUNGEN DEM HEILIGEN GEIST GEGENÜBER

Nachdem wir den Ort und das Amt des Heiligen Geistes im Gottesvolk gesehen haben, sind wir in der Lage, uns zu fragen, welche Haltung wir ihm gegenüber einnehmen; lassen wir es zu, daß er an uns sein Werk der Sündenüberführung und der Offenbarung Jesu vollbringt?

Das Neue Testament sagt uns, daß es vier mögliche Haltungen gibt, die wir dem Heiligen Geist gegenüber einnehmen können. Die erste ist die, ihn zu betrüben. „Betrübt nicht den Heiligen Geist Gottes, mit dem ihr versiegelt seid auf den Tag der Erlösung. Alle Bitterkeit und Grimm und Zorn und Geschrei und Lästerung sei ferne von euch samt aller Bosheit“ (Eph. 4,30 und 31). Sünde betrübt ihn, insbesondere solche Sünden, die in diesem Zusammenhang erwähnt werden: Verbitterung, Zorn, Afterreden, Bosheit und mangelnde Vergebungsbereitschaft; wenn wir verstehen, daß der Eine, den er zu offenbaren gekommen ist, mit dem kostbaren Namen des Lammes genannt wird, sanftmütig und demütig in seinem Herzen, und daß er der sanften Taube verglichen wird, dann erkennen wir, welche Dinge ihn betrüben. Immer, wenn wir eine Haltung an den Tag legen, die nicht die eines Lammes ist (und manchmal gleicht unsere Haltung sehr viel eher der eines Löwen!), und dies besonders in unserer Beziehung zu den anderen, dann betrüben wir ihn. Obwohl uns selbst so viel vergeben worden ist, beharren wir oft auf unserem Recht und verweigern anderen die Vergebung. Der Heilige Geist kann an seinem segensreichen Werk bei uns nicht weiterarbeiten, bis wir diese Sünde erkennen und bereuen. Deshalb muß er uns weiterhin der Sünde überführen und mit uns ringen. Aber das ist stets das Werk der Liebe; unsere Sünden erzürnen ihn nicht, betrüben ihn vielmehr.

Die zweite mögliche Haltung, die wir gegenüber dem Heiligen Geist einnehmen können, ist die, ihm zu widerstreben. Stephanus sagte zu den Juden seiner Zeit: „Ihr Halsstarrigen und Unbeschnittenen an Herzen und Ohren, ihr widerstrebet allezeit dem Heiligen Geist, wie eure Väter so auch ihr“ (Apg. 7,51). Wenn der Heilige Geist uns der Sünde überführt, dann können wir ihm Widerstand leisten. Wir können uns weigern, etwas Sünde zu nennen, das er Sünde nennt. Nicht selten verschaffen wir uns ein regelrechtes Alibi, das uns auf der ganzen Linie entschuldigt. Das tun wir, weil wir wissen, es wird uns demütigen, wenn wir zu dem Werk der Überführung des Heiligen Geistes ja sagen, denn dann müßten wir Buße tun und die Dinge in Ordnung bringen. In der Heiligen Schrift wird diese Einstellung „Halsstarrigkeit" genannt, und in der Tat ist es eine gefährliche Haltung, die uns unter ein schweres Urteil geraten läßt, wenn wir darin verharren. „Wer gegen alle Warnung halsstarrig ist, der wird sich verderben ohne alle Hilfe" (Spr. 29,1). Oft zeigt sich unser Widerstreben gegen die Überführung durch den Heiligen Geist in unserer Weigerung, die Mahnung irgendeines Bruders oder einer Schwester in Christus anzunehmen. Es würde uns nichts ausmachen, wenn der Heilige Geist selbst unsere Herzen überführen würde, aber sehr häufig benutzt er die Worte eines anderen, um uns unsere Sünden zu zeigen. Das macht es uns doppelt schwer, es anzunehmen, weil wir so stolz sind. Aber trotzdem müssen wir es annehmen, wenn wir gesegnet werden wollen.

Die dritte mögliche Einstellung zum Heiligen Geist ist die, ihn zu dämpfen. Der Apostel Paulus schreibt: „Den Geist dämpfet nicht, Weissagung verachtet nicht" (1. Thess. 5,19 u. 20).

Dieses Wort betrifft mehr das Wirken des Heiligen Geistes an der Gemeinde als ganzer, wie man an dem folgenden Satz sehen kann: „Verachtet nicht die Weissagung!“ Wir dämpfen ein Feuer, wenn wir Wasser darauf gießen, und wir können das Feuer des Heiligen Geistes in einem anderen, in einer Gemeinschaft, bei einer Versammlung dämpfen, indem wir „kaltes Wasser darauf gießen“, das heißt indem wir dieses Werk hemmen oder gar unterbinden. Der Heilige Geist erheischt Vorrang bei den Versammlungen des Volkes Gottes und in seiner Gemeinschaft. Aber so oft haben wir eine innere Vorstellung von der Art und Weise, wie er wirken müßte, und wir verbieten alle Weisen seines Wirkens, die nicht genau mit unseren Vorstellungen übereinstimmen — besonders solche, die offenbar unsere eigenen Lieblingsmethoden übergehen und unsere besondere Stellung nicht genug würdigen. Wie leicht sind wir geneigt zu meinen, daß seine Erweckung nur durch den Pfarrer oder durch den Missionar oder durch die, die eine besondere Ausbildung haben, kommen kann. Aber der Heilige Geist bringt Erweckung oft durch die Hintertür, durch Menschen, die bei uns nicht zählen und eine ganz unwichtige Stellung innehaben. Wie oft hat der Herr Jesus an die Tür geklopft, an die Tür einer Kirche oder einer Missionsstation, aber die Tür war vor ihm verriegelt, weil er nicht auf dem „normalen“, dem gewohnten Weg kam, und so mußte er sich von Menschen abkehren, die ihn doch so verzweifelt nötig hatten.

Die vierte Haltung, die wir dem Wirken des Heiligen Geistes gegenüber einnehmen können, ist die, uns von ihm füllen zu lassen. Der Epheserbrief sagt: „Trinkt euch nicht voll Wein, woraus ein unordentliches Wesen folgt, sondern werdet voll Geistes“ (Eph. 5,18). Der, den wir betrübten, dem wir widerstanden und den wir dämpften, erfüllt uns jetzt und ergreift Besitz von uns. Welch eine Kapitulation und welch eine Umkehr bedeutet das für uns! Endlich beugen wir uns seiner Zurechtweisung und nennen Sünde Sünde. Nun kann er uns ohne alle Hindernisse in eine dauernde Verbindung mit Jesus bringen, wie wir sie alle zu unserer Freude, zu unserem Frieden und unserer Stärkung brauchen.

Wenn wir daran denken, daß wir mit dem Heiligen Geist erfüllt werden sollen, ist es wichtig, dabei immer an die drei anderen Einstellungen dem Heiligen Geist gegenüber zu denken. Unterlassen wir das, dann werden wir die Fülle des Heiligen Geistes immer als eine besondere geistliche Segnung ansehen, als ein Extra unseres Erbes in Christus, und diese Haltung kann uns nur zu fruchtlosem Kampf führen. Wenn wir nicht zu irgendeiner Zeit mit dem Heiligen Geist erfüllt werden, dann hat das nur einen Grund: die Sünde. Durch die Sünde haben wir ihn betrübt und widerstehen ihm dort, wo er uns zurechtweisen will. Es mag sein, daß wir jahrelang in einer geistlich dürren und unbefriedigten Verfassung gelebt haben, aber die Schuld daran trägt nur eine Anhäufung der Sünde. Wir müssen uns nur selbst in Buße unter die Zurechtweisung des Heiligen Geistes beugen, dann wird er Jesus und sein vergossenes Blut unserem Herzen bezeugen und es uns möglich machen zu glauben, daß sein Blut die Sünden, die wir bekannt haben, wegnimmt. Und wo das Blut reinigt, da kann der Heilige Geist Einkehr halten, und dies, ohne daß wir unsererseits lange darauf warten müssen.

Dies wird durch die Reinigungszeremonie des Aussätzigen im 3. Buch Mose (14) fein illustriert. Zunächst wurde das Blut eines Opfertieres, eines Lammes, auf sein rechtes Ohr, seinen rechten Daumen und seinen rechten großen Zeh gestrichen. Dann wurde das heilige Öl — für uns ein Bild für den Heiligen Geist — an denselben drei Stellen über das Blut gestrichen. Erst das Blut, dann das Öl. Ebenso verhält es sich mit der Erfahrung des Gläubigen. Der Heilige Geist erfüllt nicht das Fleisch, das heißt das noch nicht unter dem Urteil stehende Selbst. Er kommt nur dahin, wo es zur Reue gekommen ist, und wo das Blut Jesu Christi im Glauben die Sünde hinweggetan hat. Vor Gott ist dies kostbare Blut so wertvoll, daß es einem Menschen — und sei er ein noch so großer Sünder, wenn er nur bereut — berechtigt, darauf zu warten, daß der Heilige Geist sofort sein ganzes Herz erfüllt. Wir müssen nicht weiter gehen als unter das Kreuz. Genau an dieser Stelle, wo die Sünde hinweggewaschen wird, will der Heilige Geist uns füllen, wenn wir es gläubig annehmen.

Ich erinnere mich, daß, als ein Mitarbeiter und ich an einer Pastorenkonferenz in Brasilien teilnahmen, ein junger amerikanischer Missionar mit dem Missionsflugzeug zu uns kam. Ein großer geistlicher Hunger hatte ihn getrieben. Bei unserer Unterhaltung sprach er von den Widerständen auf der Missionsstation und von den Niederlagen in seinem eigenen Leben. Während eines ganzen Jahres hatte es nur eine klare Bekehrung in ihrem Gebiet gegeben. Die Missionare waren so sehr im Glauben erkaltet, daß die anderen, wenn einer von ihnen sich bemühte, ernsthaft über den Herrn Jesus zu reden, scherzend zu sagen pflegten: „Er spricht wie ein Missionar!" Er erzählte uns dann, wie schließlich Jesus in seinem Herz zu wirken begonnen und ihm Dinge gezeigt hatte, die er bereuen mußte, um mit Gott wieder zurechtzukommen. In mancher Beziehung bedeutete das, sein Verhältnis zu seinen Missionskollegen in Ordnung zu bringen. Er erzählte uns, wie als Ergebnis dieser Umkehr eine neue Gemeinschaft unter den Missionaren zu entstehen begonnen hatte und daß auf dem ganzen Werk ein neuer Segen ruhte. Wir ermunterten ihn, er möge das als sein Zeugnis der Versammlung weitergeben. Das tat er auch; als er aber seine eindrückliche Geschichte, die davon sprach, wie der Herr ihn gedemütigt und ihn zum Kreuz zurückgebracht hatte, beendete, da sagte er: „Ich kann jedoch nicht sagen, daß ich schon mit dem Heiligen Geist erfüllt bin, vielmehr suche ich ihn."

Später nahm ich ihn zur Seite und sagte: „Ich danke zwar Gott für Ihr Zeugnis, aber ich war enttäuscht, Sie sagen zu hören, daß Sie noch nicht mit dem Heiligen Geist erfüllt seien." Als wir uns weiter unterhielten, begann er einzusehen, daß er nicht weiter als bis zum Fuß des Kreuzes zu gehen brauchte, um mit dem Heiligen Geist erfüllt zu werden. Dort, wo sein Selbst zerbrach und wo das Blut des Heilandes seinem Herzen Frieden verschaffte, wurde Jesus für ihn sein Ein und Alles. Und insoweit, als er wirklich zum Kreuz gekommen war, erfüllte Gott ihn auch mit dem Heiligen Geist, um des Blutes Christi willen — wenn er es nur im Glauben annehmen konnte. Da begann er an den Wert des Blutes Jesu für seine eigene Person zu glauben. Man konnte ihn in jenen Tagen an stillen Plätzen unter Bäumen und anderwärts sehen, in Erstaunen und Ehrfurcht geneigt, und in dem festen Glauben daran: gereinigt in dem Blut Jesu, deshalb auch gefüllt mit dem Heiligen Geist, und Jesus war ihm sein Alles geworden, seine Gerechtigkeit vor Gott und seine innere Heiligkeit. Als er zu seiner Missionsstation zurückkehrte, strahlte er und war wie befreit. Als er dort sein Zeugnis ablegte, begann der Herr durch sein Zeugnis in anderen geistliches Verlangen zu wecken. Christen begannen Einkehr zu halten, und andere begannen Christus zum erstenmal zu suchen. Er schrieb uns: „Ströme des lebendigen Wassers fließen wieder."

Wie einfach und wie handgreiflich nahe ist Gottes Weise, uns mit seinem Geist zu erfüllen!

Kapitel 7

LASST EUCH ERFÜLLEN, LASST EUCH JETZT ERFÜLLEN!

„Trinket euch nicht voll Wein, daraus ein unordentlich Wesen folgt, sondern werdet voll des Geistes: redet untereinander in Psalmen und Lobgesängen und geistlichen Liedern, singet und spielt dem Herrn in eurem Herzen, saget Dank allezeit für alles Gott, dem Vater, in dem Namen unseres Herrn Jesus Christus und seid einander untertan in der Furcht Christi."

Epheser 5,18—21

„Laßt euch mit dem Heiligen Geist erfüllen" — dieses große Wort des Apostels wollen wir ein bißchen näher betrachten und dabei auch auf die grammatikalische Form des Wortes achten, denn das vermag uns viel zu lehren. Das Wort steht erstens im Imperativ, das heißt, es ist ein Befehl. Es ist genauso gut ein Befehl Gottes, sich mit dem Heiligen Geist füllen zu lassen, wie es ein Befehl Gottes ist, sich nicht mit Wein zu betrinken, wie man unmittelbar vorher lesen kann. Wenn wir uns nicht von dem

Blut Christi reinigen und mit dem Heiligen Geist erfüllen lassen, gehorchen wir Gott nicht. Mit dem Heiligen Geist erfüllt zu werden, ist für den Christen nicht freigestellt, sondern verpflichtend, gleich, ob es sich um eine Hausfrau, einen Geschäftsmann oder einen Prediger handelt. Ja, dieses Sichfüllenlassen ist am Spülbecken genauso befohlen wie auf der Kanzel, und dieser Befehl gilt nicht eines fernen Tages mit unserem Einverständnis, sondern er gilt jetzt!

Zweitens: das Verbum „laßt euch erfüllen“ steht im Passiv. Man soll sich nicht selber füllen, sondern sich füllen lassen. Es ist etwas, das an uns geschieht, nicht etwas, das wir selber tun können. Damit ist gesagt, daß alles, was wir anbieten können, Offenheit ist. Wären wir nur geneigter, diese Haltung vor Gott einzunehmen, wir würden öfter erfüllt werden; statt dessen versuchen wir immer wieder als andere statt als leere Sünder zu kommen und unserer eigenen Bedürftigkeit abzuhelfen, wo wir ihn das doch tun lassen sollten. Sich mit dem Heiligen Geist füllen zu lassen, das ist nicht etwas, was man erreicht, sondern etwas, was man erhält, was Menschen durch einfachen Glauben erhalten, die wissen und anerkennen, daß sie leer sind. Sie werden aus Gnade und ohne Werke gerettet, und sie hoffen, nach dem gleichen Grundsatz mit dem Heiligen Geist gefüllt zu werden.

Vielleicht mag an dieser Stelle ein Wort persönlichen Zeugnisses hilfreich sein. Bei einer bestimmten Gelegenheit erlebte ich in meinem christlichen Wandel eine richtige Niederlage und wurde hart bedrängt von dem Gedanken, versagt zu haben. Lässig blätterte ich in einem meiner Hefte und sah dabei drei Wörter, die ich kurze Zeit vorher darauf gekritzelt hatte: „Laßt euch erfüllen." Sie kamen offenbar als ein unmittelbares Wort Gottes zu mir.

„Aber Herr", sagte ich, „ich bin solch ein Versager."

„Ich weiß", antwortete er, „aber laß dich füllen."

„Aber nicht so bald nach dieser Niederlage", sagte ich, „sicher muß ich mich erst bessern."

„Du brauchst nichts vorher zu tun", sagte er, „laß dich erfüllen, laß dich jetzt erfüllen."

„Aber wie kann ich das, da ich mich doch so sehr von meiner Schuld bedrängt fühle?"

„Das Blut Jesu reinigt von aller Sünde", antwortete er geduldig. „Laß dich erfüllen, laß dich jetzt erfüllen!"

Laß dich erfüllen, laß dich erfüllen, laß dich erfüllen — immer wieder wurde mir das zur Antwort, wenn ich zweifelnde Gedanken hatte. Das war ganz gewiß die letzte Botschaft, die ich an jenem Tage von Gott erwartet hätte. Es schien mir unmöglich, so unmittelbar aus den tiefsten Tiefen zu der höchsten Höhe emporzusteigen. Doch als ich sah, daß das Blut Jesu die Kraft hatte, ganz zu reinigen, konnte ich nur mein Haupt beugen und sagen: „Amen, Herr"; ja, sowohl zu seinem Befehl als auch zu seiner Verheißung. Ein Tag reichen Segens folgte, und andere durften an dem Überfluß teilhaben.

Die einfache Wahrheit liegt darin, daß die Fülle des Heiligen Geistes nicht nur für Super-Heilige da ist, die durch ihre Heiligung und ihre Weihe vielleicht als besonders qualifiziert angesehen werden mögen, sondern für Sünder und für Versager, die Buße tun gelernt haben und die das vollkommene und gegenwärtige Geschenk der Reinigung durch das Blut Jesu Christi annehmen. Gott sei Dank steht jener Befehl: „Laßt euch erfüllen" zwar im Imperativ, aber im Passiv. Das bedeutet schlicht, daß es „aus Glauben kommen muß, damit es aus Gnaden sei", und dies wiederum heißt, daß „die Verheißung fest bleibe, allen Nachkommen" (Röm. 4,16), also nicht nur erfolgreichen Heiligen, sondern auch schwachen und versagenden Menschen, wie wir sie sind. Es ist das Wesen der Gnade Gottes, daß sie Versagern, die ihr Versagen eingestehen (und das können sie sofort tun), die Verheißung gewiß macht. Jemand hat einmal gesagt: „Die Fülle des Heiligen Geistes ist nicht die Belohnung für unsere Gläubigkeit, sondern Gottes Gabe für unsere Niederlage." Er wurde den Jüngern in Apostelgeschichte 28 nicht als Höhepunkt und als Belohnung für ihren wunderbaren Dienst gegeben, sondern in Apostelgeschichte 2, als sie sich selbst als Feiglinge, die sich hinter verschlossenen Türen versammelten, erwiesen hatten.

Deshalb ist es nicht nötig, zuerst um eigene Besserung zu kämpfen, denn das würde heißen, den Heiligen Geist nicht durch den Glauben, sondern sozusagen „durch die Werke des Gesetzes" (Röm. 9, 32) zu suchen. Es ist auch nicht nötig, auf den Heiligen Geist zu warten, wie einige gedacht haben — nicht nötig zu warten, das heißt, länger zu warten als es dauert, bis wir bereit sind, Sünde Sünde zu nennen und mit ihr zum Kreuz zu kommen. Der Heilige Geist ist schon ausgegossen. Sicher, den Jüngern war befohlen: „Ihr aber sollt in der Stadt bleiben, bis ihr angetan werdet mit Kraft aus der Höhe" (Luk. 24,49). Aber das hat seinen Grund darin, daß der historische Augenblick der Ausgießung des Heiligen Geistes noch nicht gekommen war. Jetzt aber ist er da, und alle können erfüllt werden, können jetzt erfüllt werden.

Drittens: das Wort „Laßt euch erfüllen" steht in der Form des Partizipiums der Gegenwart. Das kommt in der deutschen Übersetzung freilich nicht zum Ausdruck. Ja, wir benutzen in unserer Sprache das Partizipium der Gegenwart in diesem Zusammenhang überhaupt nicht. Im griechischen Urtext heißt dieses Wort „Laßt euch erfüllen" jedoch wörtlich: „Laßt euch immer erfüllen." Mit anderen Worten: dieser Befehl will nicht, daß wir ein für allemal erfüllt werden oder nur gelegentlich, sondern daß wir uns dauernd erfüllen lassen. Es ist keine statische Erfahrung. Das Bild, das der Herr Jesus für die Fülle des Heiligen Geistes in Johannes 4 benutzt, ist ein Wasserbrunnen, der in uns aufsteigt. „Das Wasser, das ich geben werde, das wird ein Brunnen des Wassers werden, das in das ewige Leben quillt" (Vers 14). Ein Brunnen ist wahrhaftig nicht gerade ein Bild für etwas Statisches!

Die Tatsache, daß wir uns dauernd mit dem Heiligen Geist erfüllen lassen sollen, ist ganz besonders wichtig, und darum bitte ich den Leser, diesem Punkt besondere Aufmerksamkeit zu widmen. Wenn wir uns nicht dauernd mit dem Heiligen Geist erfüllen lassen, dann wird das große Erlebnis des Anfangs, mit dem wir begonnen haben mögen, nur eine Erinnerung der Vergangenheit bleiben, während wir in der Gegenwart leer, geschlagen und ausgedörrt sind. Ja, es ist eine traurige und ziemlich deprimierende Angelegenheit, einen Menschen von seiner erfüllten Vergangenheit reden zu hören, wenn er nicht auch von einer erfüllten Gegenwart sprechen kann. Die Tatsache, daß er sich über die Gegenwart ausschweigt, ist oft ein Zeichen dafür, daß in der Gegenwart nichts geschieht. Und ich selber hätte besser mein Zeugnis von meinem Erlebnis verschwiegen, hätte ich nicht ein Zeugnis der Fülle des Heiligen Geistes gerade jetzt.

Es ist einfach eine Tatsache, daß sich bisweilen bei uns in der Gegenwart nichts ereignet, und dies trotz aller unserer Erfahrungen in der Vergangenheit. Aber der Segen kann auch heute unser sein, wenn wir uns heute in Sein Licht stellen. Aber ein Ausweichen vor diesem Licht, ein Verweigern der Sündenüberführung, wie gering auch immer, wird den Fluß des Heiligen Geistes hemmen. Der Befehl „laßt euch erfüllen“, der uns gestern erreichte, kommt auch heute, in unserer gegenwärtigen Verfassung zu uns; und das Blut, das uns gestern reinigte, wird uns auch heute reinigen, wenn wir heute Buße tun, und der Herr Jesus, der uns gestern voll einschenkte, will dies auch heute tun. Unser Bedürfnis, dauernd mit dem Heiligen Geist erfüllt zu werden, ist das Gegenstück zu der dauernden Reinigung von unserer Sünde, die das Blut Christi vermittelt. In 1. Joh. 1,7 steht noch solch ein verstecktes Partizipium der Gegenwart. Dort sollte es heißen: „Wenn wir im Lichte wandeln, wie er im Lichte ist . . ., dann reinigt das Blut Jesu Christi, seines Sohnes, uns dauernd von allen unseren Sünden.“ Dieses andauernde Reinigen vollzieht sich jedoch nicht automatisch; es vollzieht sich nur in dem Maße, wie wir im Lichte wandeln, das heißt, wie wir Ja zu dem sagen, was das Licht offenbart, was wiederum bedeutet: wie wir Buße tun.

Eine Missionarin aus Ostafrika erzählte mir, daß

sie einmal von einem der afrikanischen Kirchenführer bei dem Morgengruß gefragt worden sei: „Loben Sie heute morgen den Herrn, Schwester?"

„Wenn Sie die Wahrheit wissen wollen — nein", antwortete sie, „heute morgen nicht."

„Warum?" fragte er.

Nach kurzem Zögern antwortete sie leise: „Ich habe mich heute morgen zu Hause im Zorn vergessen."

Er antwortete darauf nur: „Hat das Blut Jesu seine Macht verloren?" und ging still weiter. Aber das war gerade das Wort, das sie nötig hatte. Sie sah ein, daß es tatsächlich seine Macht noch nicht verloren hatte, und bald kam sie bußfertig vor den Herrn, ließ sich reinigen und neu füllen und pries ihn mit einem neuen Zeugnis.

Selbst eine höchst bedeutsame Anfangserfahrung mit der Erfüllung durch den Heiligen Geist kann man nur dadurch bewähren, daß man immer wieder bereit ist, sich bei den kleinsten Dingen vom Blut Christi reinigen zu lassen. Ohne solche dauernde Reinigung und dauernde Erfüllung wird aus der großen Anfangserfahrung nichts weiter als eine traurige Erinnerung, die uns nur unserer gegenwärtigen Leere und Kälte anklagt. Ja, eine auffällige Erfahrung in der Vergangenheit hat sich oft für Menschen als eine lebenslängliche Verantwortung erwiesen, denn der Betreffende wird stets von der Erinnerung daran geplagt, die er trotz aller seiner Bemühungen nicht mehr zurückgewinnen kann. Wenn wir aber willig sind, „im Lichte zu wandeln, wie er im Lichte ist", und wenn wir rasch Ja sagen zu allem, was das Licht als Sünde entlarvt, dann will das Blut Jesu uns dauernd von all unserer Sünde reinigen, und die Gnade wird wieder in Ordnung bringen, was die Sünde zerstört hat, und unsere Erfahrung der Fülle des Heiligen Geistes wird immer neu und frisch sein.

All das hat wichtige Folgen — eine davon hat etwas mit der christlichen Gemeinschaft zu tun. Die Tatsache, daß einige Christen eine Erfahrung der Gaben des Heiligen Geistes gemacht haben (z. B. Zungenreden, die Gabe der Heilung und dergleichen), während andere solche Erlebnisse nicht hatten, hat bisweilen ihre Gemeinschaft belastet. Die Tatsache, daß ein Mensch mit besonderen Gaben des Heiligen Geistes bedacht wurde, kann ihn nicht davor bewahren, daß Sünde in sein Herz eindringt, und wenn das einmal geschehen ist, dann wird kein Pochen auf jene vergangenen Erfahrungen noch die Ermunterung zu neuen den Frieden wiederbringen. Dazu muß er schon als Sünder unter das Kreuz des Herrn Jesu kommen, und das als ein so leerer Mensch, als ob er niemals solch große Erfahrung gemacht hätte. Nichts außer dem Blut Jesu kann seine Sünde wegwaschen und ihn wieder heilmachen. Er wird andere treffen, die wie er herausgefunden haben, daß ihre jeweiligen Gnadengaben ihnen in der Zeit ihrer Not nicht helfen konnten, und die am Kreuz zur Buße kamen. Sie alle unterscheiden sich grundsätzlich in nichts voneinander! Sie sind nur eine Schar von Sündern, aber von solchen Sündern, die unter dem Kreuz entdecken, daß die Wälle der Zertrennung niedergelegt sind und sie miteinander Gemeinschaft haben — wir, wenn wir nur willig sind, auf der Grundlage einer lebendigen Beziehung zu Gott zu leben. Dann werden wir bald entdecken, daß der eingebildete Grund unserer Überlegenheit über andere sehr rasch vor uns zusammenschrumpft. In dieser lebendigen Erfahrung werden wir wieder bekennen müssen, daß wir Böses tun, und werden unseren Weg zum Kreuz Jesu finden, um wieder heil zu werden. Dort würden wir uns in Liebe zu anderen hingezogen fühlen, die ebenso aufrichtig waren.

Kein Rückblick auf vergangene Erfahrungen kann also diese aufrichtige Aussprache vor Gott in der Gegenwart ersetzen. Aber diese Aussprache beinhaltet nicht nur Buße, sondern auch Glauben. Der Glaube aber fragt nicht — wie einmal jemand gesagt hat — nach dem, was uns fehlt, sondern nimmt das in Anspruch, was Gott uns zuspricht. Er ist einfach die Antwort auf Gottes Wort. Das Wort kommt zu uns, der Glaube glaubt und sagt: „Danke, Herr." Aber das Wort muß auch wirklich zu uns kommen, sonst ist der Glaube nur eine einseitige Bemühung. Um das zu veranschaulichen, darf ich von einem Erlebnis bei der Niederschrift dieses Büchleins berichten. Als ich an den ersten Kapiteln arbeitete, kam ich mir träge, leblos und leer im Herzen vor. Ich sagte zu mir: „Wenn es je eine Zeit gab, in der ich mich nicht mit dem Heiligen Geist erfüllt wußte, dann ist es jetzt. Und doch versuche ich gerade, darüber ein Buch zu schreiben.“ In dieser Verfassung geriet ich in die Versuchung, im Gebet mit Gott zu ringen und ihn verzweifelt um das zu bitten, was ich meinem Gefühl nach nicht hatte. Aber gnädigerweise hatte ich einfach nicht genug Kraft, um einen solch aussichtslosen Kampf einzugehen. Ich fühlte mich geschlagen, bevor ich begonnen hatte. Auch fühlte ich, daß es nur eigenes Bemühen wäre, wenn ich jetzt mein Herz nach Dingen absuchte, für die ich Buße tun müßte. Schließlich konnte ich nur dem Herrn meine ganze Verfassung aufdecken. An jenem Morgen kam Gottes Wort über meiner Bibellese zu mir; es war der erste Text in „Licht für den Tag“ für den 2. Dezember: „Doch ihr habt die Salbung von dem, der heilig ist, und wißt alles“ (1. Joh. 2,20).

Gott sagte: Du hast es. Als ich mich wieder der Bibel zuwandte und weiterlas, sah ich, daß die zitierte Stelle weiter sagte: „Und die Salbung, die ihr von ihm empfangen habt, bleibt in euch, und ihr bedürfet nicht, daß euch jemand lehrt“ (Vers 27). Ich erkannte, daß Gott versprach, die Salbung, die ich empfangen hatte, werde bleiben und sich nicht ändern. Es war Gott, der mir zusagte, daß ich dies hatte und daß es sich nicht ändern würde. Ich brauchte mir es nicht selber auszudenken, es war das Gott-gegebene Wort in meiner traurigen Verfassung. So war es denn das einzig Richtige, mich von meinen Gefühlen bzw. meiner Gefühlsleere abzuwenden, das Wort anzunehmen und „Danke, Herr" zu sagen. Wie rasch kam dann neues Leben, Belebung des Herzens und Hilfe vom Heiligen Geist zu mir! Ich erkannte erneut die Wahrheit, daß der Glaube nicht um Dinge bittet, die uns fehlen, sondern Gebrauch von dem macht, was Gott uns zuspricht.

Ich möchte es als meine Erfahrung weitergeben, daß ich niemals aus der Kälte und der Erstarrung des Herzens herauskam, außer durch den Glauben. Denn selbst wo Buße die wichtigste Tat zu sein scheint, muß auch dort der Glaube da sein. Ich wurde nie durch irgendwelche ersehnten Extra-Erfahrungen erlöst, die plötzlich über mich gekommen wären. Sicher gab es auch bei mir das Verlangen nach einer solchen Erfahrung und das Gebet darum. Aber die Schwäche meiner Sehnsucht und meines Gebetes machten mich verzagt und ließen mich aufgeben, bevor ich begonnen hatte. Dann kam sein Wort, stellte mir eine der heiligen Tatsachen der Gnade vor Augen, der Glaube nahm an, daß das wahr sei, Gott vollbrachte in mir das, was mir angeboten und verheißen war, so daß ich am Ende sagen konnte: „Er hat zu mir gesprochen, und er hat es auch getan“ (Jes. 38,15). Es hat viele Erlebnisse gegeben, aber sie alle waren nur Folgen des Glaubens.

Wir wollen doch angesichts eines solch reichen Gnadenangebots hören, wie er uns zuruft:

Laßt euch erfüllen, laßt euch jetzt erfüllen!

Kapitel 8

DIE FOLGEN DER ERFÜLLUNG MIT DEM HEILIGEN GEIST

Wir haben des Apostels Wort: „Laßt euch mit dem Heiligen Geist erfüllen“ betrachtet; nun müssen wir den übrigen Teil unserer Bibelstelle bedenken, der die Folgen der Erfüllung durch den Heiligen Geist beschreibt. Diese Ergebnisse werden im einzelnen ausgearbeitet, aber es sind nicht die Ergebnisse, die bisweilen in unseren Gedanken mit der Fülle des Heiligen Geistes in Zusammenhang gebracht werden. Hier wird nichts davon gesagt, daß der Heilige Geist uns zu wunderbaren Predigern oder sonstwie auffallend großartigen Christen macht. Die erwähnten Folgen erscheinen viel irdischer als das; und es ist gut, daß es so ist, denn viele von uns mögen niemals von Gott mit einem besonders auffälligen Dienst betraut werden. Es ist sein Werk, uns normal zu machen, so daß wir jeden Tag mit ihm gehen auf Pfaden, die höchst alltäglich erscheinen.

Die erste Folge des Erfülltseins mit dem Heiligen Geist ist ein Loblied für den Herrn im Herzen. Die Worte, die unmittelbar dem „Laßt euch erfüllen mit dem Heiligen Geist" folgen, lauten: „Redet untereinander in Psalmen und Lobgesängen und geistlichen Liedern, singet und spielet dem Herrn in eurem Herzen" (Eph. 5,19). Ich meine, das bedeute: Überfließendes Lob und Zeugnis für unseren Herrn Jesus; denn ein neuerfüllter Mensch ist voll von Jesus! Und solches Dem-Herrn-im-Herzen-Singen kann sich ebenso in der Küche wie im Studierzimmer des Pfarrers verwirklichen! Ja, es mag in der Küche, wo eine Frau gelernt hat, mit dem Herrn Jesus zu gehen, mehr Sieg geben als in dem Studierzimmer, wo der Pfarrer noch nicht hinter dies Geheimnis gekommen ist. Dieses Singen ist jedoch etwas ganz Vernünftiges; es ist nicht einfach das Resultat einer Gefühlsaufwallung. „Erfüllung mit dem Heiligen Geist" ist eine Phrase, wo sie nicht immerfort den Blick auf Jesus hinwendet, auf Ihn in all seiner Herrlichkeit, als die Genugtuung für all unsere Schuld; unsere Augen sind einfach erfüllt mit Christus und seiner Gnade, und wir müssen singen.

Genau dies war eine der ersten Folgen der Ankunft des Heiligen Geistes am Pfingsttag. „Wir hören sie in unserer Sprache die wundervollen Taten Gottes bezeugen" (Apg. 2,11); das sagten die Zuhörer damals. Die Tatsache, daß die Jünger in anderen Sprachen redeten, war durchaus zufällig. Wichtig war das Thema ihres Redens, und das waren „die wundervollen Taten Gottes". Sie waren ganz vom Lobpreis Gottes erfüllt, und dies, weil der Heilige Geist ihnen den auferstandenen Jesus gezeigt hatte, der zur Rechten Gottes ist und für sie eintrat und bereit war, Israel zur Buße und zur Sündenvergebung zu führen. Das Wunder der Gnade Gottes in dem allen war es, das ihren Lobpreis damals hervorrief. Grundsätzlich war es einfach die Erfüllung der Verheißung des Herrn: „Er wird mich verherrlichen; denn er wird es von dem Meinen nehmen und es euch zeigen." Ihr Lobpreis, ihre Freude und ihre Kühnheit — das alles waren Folgen dessen, was ihnen der Heilige Geist zeigte. Auch ihr Reden in anderen Sprachen war die Folge von dem, was sie sahen. Ihre Herzen waren so voll von dem Anblick Jesu, daß sie über die Grenzen ihrer Sprache hinausgingen, als sie Gott priesen, und das wurde allen, die in Jerusalem versammelt waren, zum Zeichen. Das Wunder des Redens in anderen Sprachen wäre ganz und gar unbedeutend gewesen, wenn sie nicht zum Ausdruck gebracht hätten, was der Heilige Geist ihnen an Jesus offenbarte.

So oft bringen wir in unseren Gedanken die Erfüllung mit dem Heiligen Geist in Zusammenhang mit erhebenden Gefühlen, ekstatischer Freude und der Fähigkeit, Gott mit einem neuen Mut und einer nicht gekannten Freiheit zu loben, und dies bisweilen in anderen Zungen. Es kann dahin kommen, daß wir das als die wichtigsten Erwartungen ansehen und folglich danach trachten. Darum kann es nicht kräftig genug betont werden, daß das nicht die wichtigsten Gaben des Heiligen Geistes sind. Die wichtigste Gabe des Heiligen Geistes an uns besteht darin, daß er uns Christus zeigt. Freude und Gotteslob ergeben sich als die schlichte Folge dessen; denn es bedeutet eine unermeßlich gute Botschaft für hilflose Menschen wie wir, daß wir Christus in seinen Gaben sehen. Das Gotteslob, das Folge ist, kann in einer bekannten oder unbekannten Sprache Ausdruck finden. Paulus schreibt einmal, daß er das Sprechen in einer bekannten Sprache unbedingt vorziehen würde, damit andere einstimmen und Nutzen daraus ziehen könnten (vgl. 1. Kor. 14,19); ich glaube, die meisten Menschen würden darin mit ihm übereinstimmen. Wenn wir den Fehler machen, die oben erwähnten Dinge als die wichtigsten Gaben des Heiligen Geistes anzusehen und nach ihnen trachten, dann werden wir enttäuscht sein, wenn wir sie nicht empfangen; oder wir geraten in die Gefahr, zuviel daraus zu machen, wenn wir sie empfangen. Wenn wir aber erwarten, daß der Heilige Geist uns eine neue Offenbarung Jesu gibt, dann werden wir bald „untereinander in Psalmen und Liedern und geistlichen Gesängen reden und dem Herrn in unserem

Herzen singen und spielen". Unsere Freude wird ein vernünftiges Fundament haben, und wir werden in der Lage sein, mit anderen über das zu reden, was wir sehen, damit sie dasselbe entdecken und in unseren Lobpreis einstimmen.

Das zweite Ergebnis, das Paulus erwähnt, ist der Dank für alle Dinge: „Saget Dank allezeit für alles Gott, dem Vater, in dem Namen unseres Herrn Jesus Christus" (Eph. 5,20). Das heißt: Gott in allem zu sehen und zu wissen, daß alle Dinge, die uns erreichen, gleichgültig aus welchen Quellen sie kommen, an Gott vorübergehen, bevor sie uns erreichen, an Gott, der denen, die ihn lieben, alle Dinge zum Besten wirken läßt. Weil das so ist, muß alles, was uns trifft, etwas sein, für das wir Gott danken können, gleichgültig, ob wir es als für uns gut erkennen können oder nicht. Solch eine Haltung der Dankbarkeit ist uns ganz unmöglich, wenn wir stolz sind und nicht bereit, unsere Rechte und unser Selbstinteresse an Gott abzugeben: Selbstmitleid und Klagen können dann das einzige Ergebnis sein. Aber jene wunderbare Dankbarkeit steht in engem Zusammenhang mit der Erfüllung durch den Heiligen Geist, denn Gott kann nur Täler, nicht Berge füllen. Es ist schwierig zu sagen, ob solche Gebrochenheit, die sich unterwirft und sich über alles freut, was Gott zuläßt, die Bedingung oder die Folge der Erfüllung mit dem Heiligen Geist ist. Wahrscheinlich trifft beides zu. In unserer Schriftstelle wird sie als das Ergebnis der Erfüllung durch den Heiligen Geist dargestellt. Auf der anderen Seite gilt, daß mangelnde Leidensbereitschaft die Sünde des Selbstmitleids, des Murrens und des Zweifelns hervorruft, die es uns unmöglich macht, mit dem Heiligen Geist erfüllt zu werden, und die erst bekannt und in dem Blut Christi abgewaschen werden muß. Es ist klar, daß unsere Buße und unsere Reinigung schon in diesem Punkt oft neu vollzogen werden müssen; denn wer bestand je solche schweren Prüfungen, denen wir alle früher oder später unterzogen werden, ohne daß er — wenigstens zuerst — auf eine selbstsüchtige Weise reagierte? Aber wie gnädig ist Gott, daß er unsere Haltung erneuert, wenn wir unseren Fehler zugeben!

Das dritte und vielleicht — gemessen an dem Raum, der ihm in dieser Schriftstelle eingeräumt wird — wichtigste Ergebnis ist die gegenseitige Unterwerfung: „Seid einander untertan in der Furcht Gottes" (Eph. 5,21). Immer wenn Gott von unserem Verhältnis zueinander spricht, dann benutzt er die Worte „sich unterwerfen" und „untertan sein". In unserer Schriftstelle wird auf jede menschliche Lebensbeziehung dieses Licht geworfen. Die Frauen sollen sich ihren Männern unterwerfen als dem Herrn Jesus Christus (Eph. 5,22). Welch ein herausforderndes Wort ist das heute in einer Zeit, in der der Rock herrscht, in der Tyrannisieren und Nörgeln in unseren Familien zur Selbstverständlichkeit geworden sind! Gläubige müssen das aber bekennen, wenn sie mit dem Heiligen Geist erfüllt werden wollen. Der Apostel Paulus wendet sich dann den Ehemännern zu. Sie werden zwar nicht dazu aufgerufen, sich ihren Frauen zu unterwerfen, denn Paulus bemüht sich hier wie an anderen Stellen zu betonen, daß der Mann das Haupt ist. Aber von dem Ehemann wird verlangt, daß er etwas noch Demütigeres tut; er soll seine Frau lieben, „wie Christus die Gemeinde geliebt hat, und gab sein Leben für sie" (Eph. 5,25). Christi Liebe zu der Gemeinde war eine Liebe der Selbstverleugnung, und das Ergreifende an ihr war, daß sie den Meister dazu brachte, sich vor seinen Jüngern zu demütigen. Auf eben diese selbsthingebende Weise sollen die Männer ihre Frauen lieben. Obwohl sie in der Heiligen Schrift als Haupt anerkannt werden, dürfen sie angesichts des Kreuzes nicht auf ihrem Recht bestehen; und obwohl sie die Starken sind, müssen sie zum Dienst an dem schwächeren Gefäß bereit sein, um es groß zu machen, wie Christus sie — die Gemeinde — groß gemacht hat. Wie schmerzlich berührt das die männliche Selbstsucht und den männlichen Stolz, und wie nötig muß der Gläubige dies bekennen, wenn es bei ihm offenbar wird!

Dieselbe Art der Unterwerfung auf der einen Seite

und eine sich selbst hingebende Fürsorge auf der anderen Seite sehen wir in dem, was hinsichtlich der nächsten menschlichen Beziehung, die in unserer Schriftstelle erwähnt wird, gesagt wird. Kinder sollen sich ihren Eltern in dem Herrn unterwerfen und ihnen gehorchen — und ich bin sicher, mit „Kindern" sind hier auch Teenager gemeint! Auf der anderen Seite sollen die Eltern, die ihre Kinder mit göttlicher Zucht aufziehen sollen, vermeiden, daß ihre Kinder durch ihren Mangel an Verständnis oder durch ihre Härte unnötig zum Zorn gereizt werden. Arbeiter sollen sich ihren Arbeitgebern unterwerfen und ihnen dienen, als dienten sie Christus selber. Der Arbeitgeber andererseits soll für das Wohlergehen seiner Beschäftigten sorgen, soll sie nicht bedrohen („Laßt das Drohen") in dem Wissen, daß er selbst einen Meister im Himmel hat, der ihn sehr wohl auf den Boden zwingen kann, und zwar auf dieselbe Weise, wie er dies seinen Arbeitern androht. Gegenseitige Unterwerfung und gegenseitige Fürsorge in allen Beziehungen des Lebens sind eine der Folgen der Erfüllung durch den Heiligen Geist. Immer muß Gott unsere Halsstarrigkeit beugen, wenn wir ein mit Christus erfülltes Herz haben wollen.

Aber wir wollen niemals aus den Augen verlieren, daß wir nicht dadurch erfüllt werden, daß wir versuchen, uns mehr zu unterwerfen oder mehr zu lieben, sondern eher dadurch, daß wir bereuen, daß wir an dieser oder jener Stelle uns nicht unterworfen haben und daß wir bekennen, daß wir unsere Nächsten nicht so geliebt haben wie wir sollten. Was wir so bekennen, rechnet Gott dem Blut seines Sohnes zu, und wo dieses Blut gereinigt hat, da tut der Heilige Geist sein Werk der Erfüllung, wodurch er in uns eine demütige Bereitschaft zur Unterwerfung und zur Liebe anderen gegenüber hervorruft.

So wollen wir am Schluß noch einmal die ganze wunderbare und herausfordernde Schriftstelle betrachten, die uns die Ursache und die Wirkung eines geist-erfüllten Lebens zeigt:

„Trinket euch nicht voll Weins,
daraus ein unordentlich Wesen folgt,
sondern werdet voll des Heiligen Geistes:
Redet untereinander in Psalmen
und Lobgesängen und geistlichen Liedern,
singet und spielet dem Herrn in eurem Herzen,
und saget Dank allezeit für alles Gott
und dem Vater, in dem Namen unseres Herrn Jesus Christus,
und seid einander untertan in der Furcht Christi."

(Epheser 5,18—21)